PRINCIPES
ÉLÉMENTAIRES
DE GOUVERNEMENT,

Pour parvenir à l'établissement d'une
Constitution générale.

CONSTITUTION RELIGIEUSE OU MORALE.

Si Dieu n'existait pas, il faudrait l'inventer.

PAR M. G. D. G.

Par M. Flauber de Fienbentall.

A PARIS.

Chez FAUVELLE, Imprimeur des Tribunaux criminel
et de première Instance, Place circulaire du Palais.

An X. — 1802.

AVERTISSEMENT ESSENTIEL.

L'OPUSCULE que l'on soumet en ce moment à l'opinion publique, fait partie d'un ouvrage très-important, intitulé : PRINCIPES ÉLÉMEN-TAIRES DE GOUVERNEMENT, *pour parvenir à l'établissement d'une Constitution*, fruit de quarante années de travaux et de médi-tations sur toutes les branches de l'Adminis-tration publique. Cet ouvrage, qui devait pa-raître en 1792, et que la multiplicité des circonstances désastreuses a empêché de pu-blier, présentait une CONSTITUTION GÉNÉ-RALE, divisée en *Constitution Religieuse* ou *Morale*, comme base de tout Gouverne-ment ; en *Constitution Politique*, comme base de toute Administration publique ; et en *Constitution Civile*, comme base de la Législation et du Pacte Social.

Le Sistême que présentait ce travail, établi sur la *Nature* et la *Raison*, pouvait indistinc-tement s'adapter à tous les Etats d'Europe, parce qu'il est fondé sur des principes qui sont les mêmes dans tous les païs.

Dans ce moment, où tous les Gouvernemens Européens sont forcés de réformer les vices de leurs Constitutions, on a cru pouvoir hasarder la publicité d'une Partie qui a pour objet d'éclairer les hommes, de les pénétrer de l'esprit d'une Religion solide et vraie, de prévenir toutes les dissentions Religieuses, et d'assurer la tranquillité constante, et la stabilité des Gouvernemens.

D'après les vues qui ont dirigé l'Auteur, si son Sistême, bien réfléchi, n'obtient pas l'approbation du Public, au moins ne doit-il pas craindre le blâme, lorsqu'on se pénétrera bien des motifs qui ont réglé ses opinions. Si ce premier essai prend faveur, il pourra se déterminer à publier successivement les autres Parties qui composent son intéressant ouvrage.

PRINCIPES ÉLÉMENTAIRES

DE GOUVERNEMENT,

Pour parvenir à l'établissement d'une CONSTITUTION.

INTRODUCTION.

LA Constitution d'un Etat quelconque doit présenter l'image de l'Edifice le plus majestueux, le plus imposant et le plus durable ; mais, pour réunir ces qualités, il lui faut les bases les plus régulières et les plus solides, sans quoi, tôt ou tard il doit s'écrouler de lui-même.

La meilleure de toutes les Constitutions n'a que deux bases, *la Nature*, et *la Raison* qui n'agit que d'après elle : établie sur ces deux principes immuables, jamais une Constitution ne pourra souffrir d'atteinte, parce que la Nature et la Raison ne peuvent en souffrir elles-mêmes.

D'après ces données, une Constitution doit donc être un Contrat *naturel*, *politique* et *social* ; naturel, en ce qu'il est établi sur les seuls principes déterminés par la Nature ; politique, en ce qu'il est fondé sur les seules mesures dictées par la Raison ; social, en ce qu'il ne fait de l'Espèce humaine qu'une seule Famille, dont il assure les droits et les devoirs respectifs. Ainsi, toute Constitution, qui ne présente ni ne détermine ces caractères, n'est qu'une indigestion politique, suite d'une Philosophie erronée.

De prétendus Publicistes se sont imaginés qu'une Constitution devait être analogue à la nature des climats, à celle de leurs productions, au génie et au caractère de ceux qui les habitent ; mais, de toutes les erreurs, c'est, à mon avis, la plus grossière ; en effet, la Nature est par-tout la même ; s'il existe des nuances, des modifications dans les différens sols, dans les différentes productions , dans les différens peuples , elles ne peuvent influer sur les principes uniformes de la Nature ; elles peuvent , tout au plus , opérer quelques variations dans les résultats , et dans le mode d'Administration.

Je conviendrai , cependant , qu'en adoptant pour principes généraux d'une bonne Constitution , la *Nature* et la *Raison* , c'est quelquefois réunir deux principes opposés en apparence , en ce que la Raison , dans bien des cas , semble contredire absolument la Nature : en effet , par exemple , la liberté , la volonté de l'homme , illimitées par la Nature , sont nécessairement restreintes par la Raison; mais, cette restriction même établit le principe de son bonheur , assure et détermine ses droits , protége et garantit ses jouissances : ainsi , loin d'être destructive de la Nature , la Raison ne fait que la circonscrire dans des limites favorables.

Tous les Publicistes de l'Europe , et beaucoup de Philosophes , se sont occupés de l'administration des Gouvernemens et de la Constitution politique des Etats , et cependant il n'en existe pas une raisonnable , sans en excepter même celle de l'Angleterre qui , faute de meilleure , passe pour un chef-d'œuvre.

J'avoue que je n'ai pas vu sans étonnement ,

les Politiques les plus profonds, les hommes les
plus savans, les Philosophes les plus éclairés échouer
sur cette matière : j'en ai cherché la raison, et
je crois l'avoir trouvée. Les uns ont voulu fixer
leurs opinions d'après l'Histoire ; d'autres d'après
la situation des choses qui existaient de leur
temps ; d'autres, enfin, d'après des abstractions
métaphisiques, et tous ont pris le chemin qui devait les écarter de leur but.

J'ai pensé qu'au contraire, pour réussir, il
fallait simplifier ses idées, mettre à l'écart tout
préjugé, oublier à-la-fois le passé, le présent, et
s'isoler en quelque sorte de l'Univers entier, pour
se renfermer uniquement dans la Nature ; j'ai vu
qu'elle était le seul flambeau capable de répandre
une lumière suffisante sur une matière qui, jusqu'à
présent, semble avoir été l'écueil du Génie et de
la Philosophie.

Pénétré de cette idée, j'ai entrepris sans autre
guide, l'effraïant travail auquel je me suis livré ; j'ai
cru qu'il était possible de rendre les hommes
heureux, de les forcer à l'être, et de mériter la
reconnaissance éternelle des Nations et de l'Hu=
manité. Ce but a suffi pour encourager mon zèle ;
heureux s'il peut opérer l'effet que j'en espère.

CHAPITRE PREMIER.

Des Hommes réunis en Société.

Du moment que les Hommes ont commencé à se rapprocher, les Sociétés se sont formées, les grandes Familles se sont établies ; mais, pour qu'elles pussent subsister, il fallait de l'accord, de l'harmonie, de la règle et de la mesure ; il fallait déterminer et fixer le contingent d'égards, de soins et d'activité que chacun devait apporter dans une association générale, et, par une conséquence nécessaire, on choisit pour la diriger un ou plusieurs *Modérateurs* ; il est probable que dans ce choix, les hommes les plus expérimentés et les plus mûrs (1), obtinrent la préférence ; ces hommes formèrent le Conseil de famille, et se choisirent eux-mêmes un Chef pour établir un point de centre, de ralliement et d'unité : voilà l'origine des *Tribus*.

A la suite de ces premiers établissemens, les différentes Tribus, dont les droits et les propriétés n'étaient circonscrits ni fixés par aucune loi (car,

(1) *Seniores*, les plus âgés, d'où ensuite est dérivé le mot *Seigneur*, absolument insignifiant.

3

le premier Code ne fut pas l'ouvrage d'un jour),
ces Tribus, dis-je, se jalousèrent bientôt mutuel-
lement ; de là, l'origine des guerres ; pour ramener
la paix et la consolider, le moïen le plus sûr et
le plus sage, fut d'unir les hommes d'une Tribu
avec les femmes d'une Tribu ennemie ; de là, vint
la réunion de plusieurs Tribus, et l'origine des
Peuplades.

Mais bientôt il en fut des Peuplades, comme
il en avait été des Tribus: la jalousie ou l'ambition
des unes vinrent troubler la tranquillité des autres ;
de là, des guerres infiniment plus sérieuses, et qui,
à la suite des tems, se terminèrent ou par l'in-
vasion des unes par les autres, ou par la réunion
des unes avec les autres ; et tel fut le principe de
la formation des Peuples.

Une fois parvenus à ce degré de réunion, les
Peuples furent obligés d'adopter un régime, un
gouvernement différent de ceux que les Tribus et
les Peuplades avaient observés. De plus grands
intérêts à soutenir ou à défendre, exigeaient de
plus grands moïens, et, sur-tout, un plus grand
ordre ; de là, les différens sistêmes successivement
adoptés, et qui, pour la plûpart, se sont réduits
à l'*Unité de Pouvoir.*

Maintenant, il s'agit d'examiner sans partialité, lequel de tous les Gouvernemens doit être préféré pour opérer solidement le bonheur, la tranquillité, la prospérité des Nations.

CHAPITRE II.

De la nature des différens Gouvernemens.

A ne consulter que les époques les plus reculées de l'Histoire, il semblerait que le Gouvernement Monarchique aurait été le premier et le plus ancien de tous ; mais, il faut établir une très-grande différence entre les Rois d'alors, et ceux d'aujourd'hui.

Les Rois , dans ces tems éloignés , ne furent d'abord que des Généraux d'armées , chargés de la défense de leur païs contre les aggressions des peuples voisins , et qui, après avoir repoussé les ennemis extérieurs par la force des armes , se sont ensuite servis de cette même force pour subjuguer leurs propres Nations , et s'arroger le

pouvoir suprême ; ce qui a donné lieu à Voltaire
de dire que :

« Le premier qui fut Roi, fut un Soldat heureux. »

Mais cet abus de la force n'était que le fruit
de l'ignorance des tems ; car, on verrait difficile-
ment, de nos jours, le Général d'une Armée devenir le Souverain de son païs.

A ces époques reculées, les Peuples n'étaient
pas, comme aujourd'hui, voisins et limitrophes
les uns des autres, parce que l'Univers n'était alors
peuplé ni cultivé comme il l'est maintenant ; d'ail-
leurs, la vie errante et guerrière des anciens
Peuples, s'opposait également à la fertilité des
terres, à la fécondité des femmes, et à l'accroissement, ainsi qu'à la conservation de l'espèce.

Différens peuples, néanmoins, secouèrent ou
évitèrent le joug des premiers Rois, en adoptant
le Régime républicain ; ATHÈNES et LACÉDÉ-
MONE établirent, à ce qu'il paraît, d'après l'Histoire, les premières Républiques ; celle d'Athènes
ne présentait qu'une austérité de mœurs, qu'un
caractère sauvage absolument contraires à tout
principe de civilisation. La crainte de l'oppression
était telle dans cette République naissante, que les
personnages les plus recommandables par leur

mérite ou leurs talens, n'étaient récompensés que
par un exil plus ou moins prolongé ; principe aussi
dangereux qu'odieux sous tous les rapports, puisque les vertus les plus éclatantes y subissaient le
sort des plus grands crimes : c'était le *Despotisme*
pur, déguisé sous le nom de *République*. Il est vrai
qu'Athènes encouragea les arts, et protégea les
talens ; c'est au moins un mérite que la postérité
ne doit point oublier.

Le Gouvernement de Lacédémone fut *mixte*,
c'est-à-dire, Monarchique et Républicain ; on ba-
lança le Pouvoir monarchique par l'Autorité-Séna-
toriale, et cette Autorité fut ensuite elle-même
tempérée par celle des *Ephores*, qui étaient les con-
trôleurs de l'Administration ; mais le partage des
terres, et l'exclusion des arts dénotent un peuple
qui n'avait nulle idée, nul principe de commerce
et d'industrie ; aussi ce peuple était-il pauvre,
conséquemment malheureux, et il devait l'être ;
car réduire l'existence de l'homme à ses besoins
phisiques, c'est le réduire au néant. La tolérance
du vol était une preuve de l'ignorance de tout
principe et de toute loi ; enfin, Licurgue n'avait
jamais connu cet heureux accord de la Nature et
de la Raison ; sa Législation farouche écartait toute

espèce de civilisation, et je ne vois dans ce Lé-
gislateur si vanté, qu'un homme aveuglé par la
folie ou maîtrisé par l'orgueil.

ROME, qui fonda la République la plus célèbre,
dut son établissement à une espèce de brigand,
titré du nom de Roi. Le Peuple Romain essaïa,
créa tous les Gouvernemens, tous les régimes, sans
jamais se fixer à aucun : il adopta successivement
les Gouvernemens monarchique, sénatorial, aris-
tocratique, démocratique, oligarchique et impé-
rial; successivement on vit des Rois, un Sénat, des
Consuls, des Tribuns, des Empereurs ; enfin, on
vit cette république alternativement gouvernée par
un chef, par deux, par trois, par dix, par cent,
et jamais on n'y vit de gouvernement fixe, sort
ordinaire de tous les Etats, mal ou non-constitués.
Le caractère des Romains était rude, féroce; leur
génie était altier, fier, impérieux. Ce Peuple, avide
de conquêtes, sous l'étendart de la Liberté, porta
partout l'Esclavage; incapable de supporter aucun
joug, il voulut l'imposer à tout l'Univers ; enfin,
ce Peuple prêchant toujours la liberté, n'était environné que d'esclaves ; jamais on ne vit contraster
des principes opposés d'une manière plus sensible
ni plus révoltante. Toujours inquiet et turbulent,

l'existence

l'existence de ce même Peuple, pendant nombre de siècles, fut un orage perpétuel : des guerres extérieures, des dissentions internes, des divisions, des conjurations, des conspirations, des proscriptions, des guerres civiles, en un mot, des désordres, et des troubles de tout genre ; telle fut constamment la position de la République Romaine, et tel est au vrai, le tableau de son Gouvernement. Cependant, malgré cette fluctuation constamment orageuse, elle subsista pendant douze siècles entiers ; mais elle ne dut la durée de son existence qu'à la faiblesse prolongée de l'Europe, qui, dans ces tems, était, pour ainsi dire, sans population et sans culture. Néanmoins, au milieu des troubles qui déchirèrent sans cesse cette orgueilleuse République, on ne peut disconvenir qu'elle eût des intervalles très-brillans, auxquels nous devons l'éloquence, les talens, les arts et l'urbanité. Mais bientôt elle perdit de si précieux avantages ; l'Europe une fois peuplée, sentit sa force, et conçut un sentiment d'énergie qui lui inspira le désir et le courage de se délivrer d'un joug, que, depuis si long-temps, elle supportait avec impatience : bientôt on vit s'élever une multitude d'Etats sur les débris de cette République imposante ; l'avilissement et la dégradation succédèrent à l'orgueil

B

et au despotisme qui en avaient été l'ame ; elle tomba dans un anéantissement total ; bientôt, enfin, il ne resta plus que le souvenir de la République et des Romains : et tel doit être le sort de tout Etat dominé par l'Autorité purement populaire.

Nous avons, de nos jours, vu, quoiqu'en raccourci, l'image fidelle de cette République dans l'établissement, la durée et la fin d'une SOCIÉTÉ fameuse, qui, pendant plus de deux siècles, a régné par l'empire de l'opinion sur l'Univers presque entier. Cette Société, nulle dans son principe, dirigée par une ambition toujours croissante, incapable de joug, avide d'autorité, sans cesse altérée de pouvoir, affamée de crédit, jalouse d'une domination sans bornes, luttant sans cesse contre les Autorités, renversant tous les obstacles, était parvenue à un Empire tellement universel, qu'après avoir propagé ses principes et ses établissemens sur les différens hémisphères, elle finit par effraïer jusques aux Souverains eux-mêmes ; mais bientôt ce colosse formidable qui avait fait fléchir l'Europe entière, se vit foudroïé par toutes les Puissances à-la-fois, et réduit à l'anéantissement le plus absolu. Tel fut le sort de Rome, et tel sera celui de toute Puissance trop ambitieuse et trop étendue.

Après la destruction de l'Empire Romain, on vit bientôt les Puissances s'élever en Europe. La France, l'Empire d'Allemagne ou d'Occident, l'Espagne, l'Angleterre, la Suède, le Danemarck, la Pologne, le Portugal, la Russie, et les divers autres Etats se formèrent successivement ; mais ces différens Peuples, précédemment asservis sous le joug de l'Autorité républicaine des Romains, connaissaient trop le danger du régime populaire pour l'adopter.

Ils sentirent qu'un Pouvoir trop divisé, devenait nécessairement tirannique, et dégénérait en despotisme; ils conçurent que la division des Pouvoirs entraînait celle des opinions, alimentait l'ambition, et par suite, faisait éclore les brigues, les factions, les conjurations, les guerres civiles, et tous les maux qui opèrent le malheur des Peuples, et la destruction des Etats.

Instruits par l'expérience, ils préférèrent l'UNITÉ du Pouvoir concentré dans les mains d'un seul Chef; ils conçurent que ce mode seul pouvait remédier à tous les maux ou les prévenir ; enfin, que la subdivision des Autorités subordonnées, se reportait toujours à un point de centre qui présentait celui d'un ralliement général : de là, l'établissement presqu'universel du Gouvernement monarchique, ou de l'unité de Pouvoir.

Depuis cette Révolution, les différentes Monarchies qui se sont successivement formées, ont pris de plus en plus une consistance imposante. Les Arts, le Commerce et l'Industrie ont succédé à la férocité guerrière qui dominait tous les Peuples ; dès lors, ils n'ont plus pris les armes que pour se défendre ou pour assurer leurs propriétés.

L'on pourrait, cependant, objecter tant de guerres qui, pendant dix siècles, ont couvert l'Europe de sang ; mais fixons-nous sur l'Histoire, et l'on verra que ces guerres n'étaient point l'effet de l'Administration monarchique ; les opinions religieuses, l'ambition et l'autorité des Papes, l'ignorance et la crédulité des Peuples, furent les seules causes de tant de désastres. Quelques Souverains ambitieux, jaloux de s'aggrandir, ont quelquefois pris les armes, et troublé la tranquillité de leurs voisins ; mais, souvent, une seule bataille a terminé les difficultés, au lieu que les guerres de Religion ont toujours été, pour ainsi dire, interminables.

Si l'on examine avec attention les Fastes de chaque Roïaume, on verra toujours que les troubles intérieurs et les divisions intestines, n'ont jamais eu pour motif la nature de leur régime, ni la forme de leur Administration.

Mais, il n'en a pas été de même des Républiques; les grandes Révolutions, les Conjurations, les Conspirations, les guerres civiles, en ont pour ainsi dire constamment été l'âme : témoins la Hollande, Gènes, Vénise, et jusqu'à la très-petite République de Genève.

Les Etats *mixtes* ou Monarchies républicaines, ont eux-mêmes été constamment un théâtre de discorde : témoins les Roïaumes d'Angleterre, de Pologne et de Suède : la rivalité de Pouvoirs, l'ambition des Autorités, le choc perpétuel des Passions, l'incohérence des Principes, tout s'est élevé contre ce régime monstrueux, pour porter le désordre, le ravage et la désunion dans ces différens Etats : ce qui constate et consolide de plus en plus la préeminence de l'unité de Pouvoir.

Je ne parlerai point ici de cette espèce de Gouvernement mille fois plus monstrueux encore, connu sous le nom de *Despotisme*, dont les principes

B 3

contraires à la Nature, à la Raison et à l'Humanité, dominent, cependant, depuis des siècles, sur une très-grande partie de l'Univers.

Le Despotisme est établi par la force et soutenu par l'ignorance ; éclairez un moment les sujets des Despotes, et bientôt ce régime disparaîtra. Malgré les Révolutions terribles qu'ont éprouvées les Etats despotiques, ils existent depuis long-tems, et cela par la raison que les Agens sécondaires de ces Etats sont aussi despotes que leurs Souverains, et que les Autorités subalternes exercent également un Pouvoir sans bornes et sans résistance.

L'Unité de Pouvoir est donc le seul moïen de prévenir les excès et d'arrêter les abus du régime populaire, et cette unité même est dans la Nature. S'il existait deux Soleils, l'Univers serait en combustion ; s'il existait deux Lunes, l'ordre des Corps célestes serait interverti, puisqu'en effet la Nature entière est dominée par deux puissances phisiques, dont l'une, dans la combinaison de leurs influences alternatives, doit régner le jour, et l'autre la nuit. Le Soleil est véritablement le maître de la Nature ; lui seul en règle tous les mouvemens, tous les résultats ; lui seul détermine les saisons, opére l'accroissement et la maturité des productions de la terre : sa marche uniforme, ses effets réguliers, prouvent la régularité du principe qui le fait agir ; la Lune, les Etoiles, en un mot les Astres ou Corps célestes quelconques, reçoivent de lui leur influence et leurs facultés : de sorte que chaque Astre, chaque Corps céleste, semble n'être qu'un agent sécondaire du Soleil, pour coopérer avec lui dans tout ce qui peut intéresser l'Univers et la Nature. Si nous remontons encore plus haut, nous verrons qu'un Pouvoir, également unique, règne sur tous les Astres, en dirige les mouvemens et les effets d'une manière immuable ; et c'est de cette unité de principe que procèdent l'ordre constant et l'uniformité de la Nature, dans les effets périodiques qui lui sont invariablement assignés par l'Être-Suprême.

Enfin, j'ajouterai pour dernière considération en faveur de l'Unité du Pouvoir souverain, cette observation très-vraie, c'est que les Etats purement monarchiques, sont à la fois, les plus peuplés, les plus cultivés et les plus riches, en raison de la Nature ou de la situation de leur sol. Les causes de cette différence entre les Monarchies

B 4

absolues, et les autres Etats, c'est que, dans les premiers, les habitans qui vivent sous la protection et l'autorité de la Loi, jouissent d'une existence absolument libre et paisible ; qu'aucune affaire publique ne les distrait de leurs affaires privées ; que leurs propriétés, bien assurées, sont bien entretenues ; que leur commerce bien protégé, ne redoute aucune entrave ; et que la population, ménagée par le Souverain, reçoit un accroissement régulier, que la sûreté des établissemens favorise et propage de plus en plus.

Comparez maintenant les Etats *républicains* aux Monarchies, et voïez si les résultats et les effets de l'Administration publique sont les mêmes ; comparez ensuite les Etats *despotiques*, et voïez si leur population et leur commerce sont en proportion de leur territoire ; comparez enfin les Païs *sauvages* ou ne règne que la nature avec la liberté sans bornes, et voïez s'ils peuvent être mis en parallèle avec aucune espèce d'Etat quelconque.

C'est donc l'*Unité* seule de Pouvoir et de Principe qui peut servir de base à la meilleure Administration ; et l'expérience des siècles, soutenue des lumières de la raison, ne peut plus laisser de doute à cet égard.

Conséquemment, d'après ce qui précède, l'*Unité* de Principes, de Pouvoir et de Loi, doit obtenir la préférence dans toute Administration politique, et servir de base à toute *Constitution* ; conséquemment encore, une Constitution établie sur cette base, doit devenir celle de l'universalité du Globe.

CHAPITRE III.

DE LA CONSTITUTION DES ÉTATS.

TOUTE Constitution doit nécessairement reposer sur trois points capitaux, les *Mœurs*, l'*Administration* et les *Lois* ; en effet, sans Mœurs, point de Principes ; sans Administration, point d'Etat ; sans Lois, point de Société : d'où suit la conséquence qu'il faut une Constitution *morale*, *politique* et *civile*, et c'est ce que nous allons tâcher de démontrer.

DE LA CONSTITUTION RELIGIEUSE OU MORALE.

La RELIGION est le principe de toute morale, l'ATHÉISME en est l'exclusion ; mais il faut ramener la Religion elle-même à des principes vrais, simples, puisés dans la *Nature* et la *Raison* ; et sous ce point de vue, la Religion sera dans le cœur de tous les hommes, parce qu'elle est innée dans tous les individus raisonnables.

Malheureusement, dans tous les tems et dans tous les païs, la Religion au lieu d'être une *inspiration* de l'Être-Suprême, n'a été que l'œuvre *factice* de ceux qui s'en sont dit les Ministres, parce que le SACERDOCE, au lieu d'être une *Dignité*, n'a jamais été qu'un objet de spéculation commerciale pour ceux qui en étaient revêtus ; de là, cette diversité de *Religions*, de *Cultes*, de principes et de conséquences ; de là, les ténèbres dans lesquelles on a tâché d'envelopper les bases de toute Religion ; de là, tous les genres de *superstition* et d'*abus* ; enfin de là, j'ose le dire, les principes de l'*irréligion* absolue.

La *Religion* consiste dans l'admission d'un ÊTRE *créateur* et *modérateur* suprême de tout ce qui existe dans l'Univers et la Nature, et qui doit nécessairement être souverainement grand, souverainement puissant, souverainement juste. Le Culte consiste dans l'hommage qu'on lui rend : il doit être aussi simple que majestueux, et n'être que l'expression de la reconnaissance ; car *immuable* dans ses principes, l'Être-Suprême ne peut rien changer à leurs conséquences ; ainsi nous ne pouvons que *remercier* et jamais *demander*.

CICÉRON, en cela, d'accord avec tous les Philosophes anciens, a dit : « Il n'est aucune Nation, » si sauvage, si barbare qu'elle soit, qui n'ait » quelque connaissance d'un Être-Suprême. » Il a dit encore : « Peut-on regarder le Ciel et con- » templer tout ce qui s'y passe, sans voir avec la » dernière évidence, qu'il est gouverné par une » suprême Intelligence ? » (*) Aussi chaque peuple a-t-il adopté, malgré son ignorance, une Divinité quelleconque. Les plus raisonnables d'entre ceux qui se sont forgé des Dieux, ont été les adorateurs du *Soleil* ; pénétrés d'admiration pour cet Astre bienfaisant, dont ils reconnaissaient toute l'influence sur la nature, ils en ont fait un Dieu visible, sans pouvoir remonter jusqu'au Créateur de cet Astre.

Mais quel est l'homme, doué de sentiment et de raison, qui ne soit forcé de reconnaître l'Agent tout-puisssant de la Nature ? Si sa *main* est invisible, ses *œuvres* sont évidentes, et si rien n'est

(*). *De Nat. Deor.* Lib. II. Cap. 2.

l'effet du hasard, il faut donc admettre un ressort universel qui ne peut résider que dans une Intelligence suprême. Or, nous sommes convaincus qu'il ne peut exister d'effet sans cause. L'étude, l'expérience et les observations, nous ont, à la suite des tems, éclairé sur une multitude de causes dont nous ne connaissions que les effets ; mais les causes que nous connaissons, ne sont encore que secondaires ; c'est-à-dire, elles ne sont que l'effet d'une cause première qui nous est totalement inconnue, et qui nous conduit forcément à l'existence d'un Etre ou d'une Intelligence, principe universel de la Nature.

Par suite des tems, on a découvert une partie des secrets de l'Auteur de la nature : on en découvrira, sans doute, bien davantage encore, lorsqu'une suite d'observations aura fixé nos connaissances. L'expérience nous a démontré que tout était périodique dans la nature. Chaque période est déterminée, il ne s'agit que d'en connaître la fixation : elle est soumise au calcul qui ne peut être que le résultat d'observations.

L'on est parvenu à calculer les mouvemens périodiques du Soleil, de la Lune, des différentes Planetes et des Astres quelconques ; on a calculé de-même, le retour, l'étendue et la durée des éclipses et l'apparition des comètes ; mais comme tout procède d'un principe unique, uniforme, immuable, il serait également possible de calculer, par suite d'observations sur chaque partie du globe, les orages, les pluies, la température générale, les tremblemens de terre, l'abondance ou la rareté des productions terrestres, parce que ces divers événemens se touchent.

En découvrant de plus en plus la marche du principe universel, on pourrait de même, par suite d'observations et de calculs, déterminer la durée de l'existence humaine individuelle, les maladies, leurs résultats, la fécondité ou la stérilité des individus, les épidémies, les mortalités, en un mot, tous les événemens et accidens naturels. Il existe un enchaînement nécessaire entre les causes, et par suite entre les effets ; et il est tel, que tout ce qui arrive, doit nécessairement arriver, sans quoi l'ordre immuable serait absolument interverti.

Tout ce que l'ignorance caractérise de *Miracles*, de *Monstruosités*, de *Merveilles*, est dans la Nature: tout ce qui nous paraît être un *Prodige*, n'est que l'effet naturel d'un principe que nous ignorons ;

et c'est, précisément, de cette ignorance même qu'est née la *Superstition*.

Ce que nous appelons *Mort* ou *Destruction*, n'est qu'un renouvellement périodique de la nature : la matière, en général, est une modification des élémens diversement combinés ; la masse des élémens est invariable et fixée de toute éternité ; or, les végétaux et les animaux absorbant chaque jour une portion de cette masse, il n'en existerait bientôt plus ; toute végétation, tout accroissement, toute production cesseraient, si les règnes animal et végétal ne rendaient à la nature, au bout d'un terme fixé, ce qu'ils en ont reçu ; et cette restitution journalière est précisément ce qui sert à la reproduction périodique et au renouvellement de la nature : ainsi, les corps se dissolvent, mais les élémens qui composent la matière sont impérissables, et ne peuvent éprouver de diminution ni d'altération dans leur essence ni dans leur quotité. Cette vérité, seulement effleurée par les Pithagoriciens, est sans doute ce qui a donné lieu à l'absurde Sistême de la *Métempsicose*.

Les corps végétables ont une organisation purement matérielle. Il n'en est pas ainsi des êtres animés, dont l'organisation est plus ou moins facultative. Les Animaux, outre la végétabilité qu'ils partagent avec les Plantes, ont des sens, de la mémoire, de l'intelligence et des sensations, facultés qui ne tiennent point aux combinaisons de la matière, mais qui sont l'effet d'un ressort organique dont le jeu cesse lors de la dissolution des corps. L'homme réunit en lui la végétabilité des plantes, les qualités facultatives des animaux, et, par un avantage spécial, la raison, le sentiment et le don de la parole. Toutes les facultés qui distinguent l'homme lui sont également personnelles, et ne procèdent ni de l'organisation de la matière qui le compose, ni d'un mécanisme quelconque, mais bien d'un principe dégagé de toute matière, et conséquemment spiritualisé. De là, tout ce qui n'est qu'*appétit*, *sensation* ou *besoin* chez les autres animaux, est *sentiment*, *raison* et *réflexion* chez les hommes. Mais, si le principe intellectuel est dégagé de la matière, s'il en est indépendant, quant à son essence, alors ce principe ne peut être qu'une émanation de l'Être-Suprême, impérissable comme lui, et c'est ce que nous appelons assez improprement *Ame*, comme s'il donnait à nos corps l'action et le mouvement qui ne sont que l'effet d'un ressort organique.

Mais, si, lors de la dissolution des élémens qui

s'opère par la cessation de notre existence, la matière ne périt point, il est alors bien constant que le principe spirituel, que la portion intellectuelle de notre existence sont encore bien moins périssables, et que, nécessairement, ils vont reprendre la place qu'ils occupaient avant que nous eussions reçu cette même existence.

Mais, si, à ces obligations infinies que nous devons à l'Être-Suprême, nous ajoutons aussi celle d'avoir indéfiniment pourvu à tous nos besoins, à tous nos agrémens, à toutes nos jouissances; si nous y ajoutons encore celle de nous avoir accordé l'empire absolu sur tout le globe et sur tout ce qu'il renferme, pouvons nous, d'après cela, nous refuser au tribut d'hommage, de respect et de reconnaissance envers lui? Non sans doute, et voilà l'objet de notre culte.

Les PRETRES de *tous les Cultes*, ont dans tous les tems, fait de la Religion un chaos, et dans tous les tems, le motif de leur conduite a été le même. Placés, par la nature, au niveau des autres hommes, ils ont voulu s'attribuer une supériorité qu'ils n'avaient pas; ils ont abusé de l'ignorance et de la crédulité des Peuples, pour leur persuader qu'ils communiquaient avec les *Dieux*, et

que

que de leur médiation auprès Etres célestes, dépendait le bonheur ou le malheur de l'humanité.

C'est par de tels moïens qu'ils ont, de tous tems, enchaîné les hommes et subjugué les opinions, les *Prodiges* dans un tems, les *Mystères*, les *Béatifications* et les *Miracles* dans un autre, l'*Illusion* dans tous; telles ont été les armes des Prêtres pour asservir tout le Globe. Semblables aux Médecins, qui, long-tems ont fait de leur science un secret, et qui affectaient un langage inintelligible, les Prêtres ont établi des Principes, des Dogmes, des Sistêmes inexplicables, ils se sont enveloppés de fables plus ridicules les unes que les autres; concentrés dans le dédale théologique, ils sont tellement parvenus à obscurcir cette matière, qu'ils ont fait disparaître la Religion, et ne lui ont substitué que des *doutes*, des *erreurs* et des *disputes* : enfin, ils ont fait un Dieu d'après leurs *passions* et leur *intérêt*.

Trop éclairés aujourd'hui, les hommes doivent ramener la Religion à sa majestueuse simplicité, l'établir sur des bases aussi durables que l'Etre qui en est l'objet; donner au Culte le caractère respectable qui lui convient, restreindre ses Ministres,

C

dans des limites circonscrites, simplifier le dogme, et bannir toute espèce de dispute sur une matière qui ne doit jamais en être susceptible.

Ramenez la Religion à ses véritables principes, ennoblissez le Culte que tout individu doit à l'Être suprême, alors, vous rendrez l'une et l'autre respectable aux yeux de tous les hommes, vous pénétrerez tous les cœurs, vous inspirerez l'amour des devoirs, vous bannirez ce sentiment *austère* et *farouche* qui caractérise les *Dévots* : vous remplacerez l'*Hipocrisie* par les *Vertus*, la *Dissolution* par des *mœurs épurées* ; et bientôt la Religion deviendra le plus ferme apui du Gouvernement et le lien le plus durable de la Société.

Le sentiment religieux, si pur par son objet, le rapport de l'Homme avec l'Être suprême, sont la consolation la plus touchante pour les cœurs vertueux. Si l'homme est une émanation de la Divinité, d'un Être juste et bienfaisant, il doit lui-même être juste comme son Auteur : en admirant les lois immuables de la nature, il doit penser que la double faculté dont il jouit, de faire le *bien* ou le *mal*, suppose dans l'Être suprême le double pouvoir de *récompenser* ou de *punir*, autrement il cesserait d'être juste, et dégénérerait de son essence s'il pouvait considérer d'un œil égal le *vice* et la *vertu*.

Le principe de morale existe donc dans la Religion, et si la morale est la base essentielle de tout Gouvernement bien constitué, l'établissement de la Religion est donc moralement et politiquement nécessaire à celui d'une Constitution fondée sur la *nature* et la *raison*; et c'est ce qu'il fallait démontrer.

Maintenant, pour passer des principes à leur application, il s'agit d'emploïer les moïens les plus propres à fixer d'une manière invariable le *Dogme* religieux à suivre, et le *Culte* à rendre à l'Eternel Auteur de la Nature.

CHAPITRE PREMIER.

Des Ministres du Culte.

DANS tout genre d'Administration, soit morale soit politique, il faut toujours un centre d'action auquel viennent aboutir les points les plus éloignés; en conséquence, la Hiérarchie Religieuse doit se composer 1°. d'un *grand Patriarche*, régulateur général du *Dogme* et du *Culte*, d'après les lois de l'Etat auquel il doit être sévèrement subordonné, comme devant donner, le premier, l'exemple de la plus rigoureuse obéissance. 2°. D'un nombre de *Patriarches* égal à celui des Gouvernemens Provinciaux, d'après la division du territoire, et résidens au chef-lieu de leur ressort. 3°. De deux *Vicaires-Généraux* et de quatre *Grands-Vicaires* dans chaque Patriarchat. 4°. Enfin, d'un nombre de *Ministres* et de *Vicaires* suffisant, d'après les divisions territoriales, pour l'exercice du Culte dans toutes les villes, bourgs et villages de l'empire.

Il est donc dans l'ordre que les simples Vicaires soient subordonnés aux Ministres, ceux-ci aux Patriarches, et ceux-là au Chef suprême de l'Administration morale. Il est inutile d'ajouter que les membres qui la composent doivent avoir un costume distinctif, suivant le titre de leur place, et que ce costume doit être simple et modeste. Ce dernier article réunit le double avantage d'inspirer les égards et la considération pour ceux qui en sont revêtus, et de retenir ceux-ci dans les bornes de la décence dont ils doivent donner l'exemple.

Il est également inutile d'ajouter que le *Célibat* ne doit jamais être une condition nécessaire pour exercer les fonctions sacerdotales. Je pense, au contraire, qu'il devrait être une cause exclusive du Sacerdoce, en ce que, 1°. le mariage est de droit naturel, et que le Célibat, vertu purement *imaginaire*, n'est que le combat de l'humanité contre la nature et la raison ; 2°. que le mariage est le frein légal des passions, et l'un des liens les plus essentiels du Pacte Social ; 3°. que c'est un état de consolation pour un Ministre du Culte sévèrement attaché à ses devoirs ; 4°. que c'est l'un des moïens les plus actifs de prêcher la morale par la voix de l'exemple, et d'attacher plus fortement les Ministres aux devoirs et à la pureté de leur état ; d'où je conclus qu'il ne peut exister d'incompatibilité quelconque, entre le *Mariage* et le *Sacerdoce*.

CHAPITRE II.

De l'autorité, des fonctions et des devoirs des Ministres du Culte.

COMME il est intéressant pour le bien de la Religion et la tranquilité de l'État, que les membres qui composent la *Caste Religieuse* ne s'écartent jamais des principes de son institution, il est de la plus haute importance de la circonscrire dans des limites dont elle ne puisse jamais s'écarter, ou dans lesquelles on puisse toujours la faire rentrer à volonté.

En conséquence, il convient de déterminer l'autorité, les fonctions et les devoirs de chacun. LE GRAND PATRIARCHE, revêtu de la suprêmatie absolue, doit surveiller l'orthodoxie des préposés à l'exercice du Culte, d'après le Dogme établi par la Loi, ainsi que la moralité des *Patriarches Provinciaux*, de leurs *Grands Vicaires* et des *Vicaires-Généraux*, parce que la conduite de ceux-ci doit nécessairement être la règle de tous ceux qui leur sont subordonnés? Les PATRIARCHES doivent exercer la même surveillance à l'égard des *Ministres* et de leurs *Vicaires* : enfin, l'uniformité la plus rigoureuse doit exister dans la doctrine et les cérémonies religieuses, qui doivent être les mêmes dans tous les Patriarchats ; et dans le cas où l'exercice du cérémonial exigerait quelque changement, il ne doit avoir lieu que sur un Décret des *Assemblées Consistoriales*, confirmé par le *Conseil d'Etat*, qui seul doit en ordonner l'exécution. A l'égard des

MINISTRES, ils doivent présider et diriger toutes les cérémonies religieuses, enseigner le Dogme et les principes reçus, propager les semences de la Morale et des Vertus, exhorter et consoler les malades et les mourans, porter, sur-tout, dans le sein des familles l'esprit de paix et de conciliation, et généralement remplir avec exactitude les différentes fonctions qui leur sont prescrites d'après la Loi.

Le Grand Patriarche doit être le Juge suprême des autres *Patriarches*, sur les *Délits* religieux dont ils peuvent être accusés; mais il ne doit rien décider que dans un *Sinode* composé de ses Vicaires et de douze Patriarches Provinciaux.

Les *Patriarches* doivent également avoir le droit de police et de jurisdiction, sur tous les autres *Ministres* du Culte dans leurs Patriarchats respectifs; mais ils ne doivent rien statuer qu'en *Sinode provincial*, composé de leurs Vicaires et de douze Ministres de leur ressort.

Les peines à prononcer, le cas échéant, ne peuvent être que la *suspension*, avec ou sans privation de traitement, suivant les cas, ou la *destitution*;

et ces jugemens se doivent exécuter sans appel. Telle est la circonscription des pouvoirs, des fonctions et des devoirs des *Ministres* du Culte.

CHAPITRE III.

Du Traitement des Ministres, et des Frais du Culte

MAINTENANT, après avoir déterminé les fonctions et les devoirs de la *Caste religieuse*, il convient de fixer à ses membres un traitement qui éloigne également et de l'excès et de la modicité. En posant pour base que le Culte doit être *gratuit*, c'est écarter toute espèce de casuel, et tous les abus qui en dérivent.

Ainsi, le traitement des Ministres du Culte ne devant avoir rien d'arbitraire, il faut le fixer d'une manière invariable. En conséquence, pour prévenir les variations qui peuvent survenir soit dans le titre, soit dans la valeur des monnaies, le moïen le plus simple et le plus juste me paraît être de déterminer les traitemens à raison de tant de *marcs d'argent*, sur la valeur du marc au tems de la fixation du traitement ; et cette méthode, la plus facile,

devrait être la seule en usage dans toutes les tran-
sactions particulières.

Je n'ai pas besoin de dire que ce traitement
doit être fixé d'après les grades des Fonctionnaires
et d'après les lieux qu'ils doivent habiter , mais
toujours de manière à le concilier avec les besoins
de ceux qui doivent le recevoir.

A l'égard des Frais du Culte, comme il ne doit
exister aucune dotation pour y subvenir , nécessairement ils doivent être à la charge de la *Nation:*
ainsi , l'État doit se charger des constructions ,
réparations et entretiens des *Temples* et des bâtimens destinés aux Ministres et au Culte, ainsi que
de l'achat et entretien des ornemens , et des autres
dépenses relatives quelconques , d'après la fixation qui en seroit arrêtée par les Patriarches.

CHAPITRE IV.

De la Tolérance des Cultes , et des Frais relatifs au Culte
des Religions tolérées.

ICI s'élève naturellement la grande question, tant
de fois agitée sur la *tolérance* des différens Cultes,
question dont la juste solution n'est ni aussi simple
ni aussi facile qu'on pourrait le croire.

Les différences de sistêmes religieux ne sont véritablement que des différences d'opinion. Si elles étaient individuelles , elles n'auraient rien de dangereux ; mais elles ont été collectives , et, pendant nombre de siècles , elles ont allumé dans l'Europe entière , les torches de la discorde , alimenté les guerres les plus sanglantes , dévasté la population , fomenté des haines implacables, et porté par-tout le désordre et la désolation. Tels ont été les cruels effets de la discordance des opinions religieuses.

De là, naît la question de savoir si l'on doit n'admettre *qu'un Culte* , ou si l'on doit les tolérer *tous*, et ce n'est qu'en pesant les conséquences, qu'il est possible de se fixer à un principe sur cette matière.

Les Ministres seuls des différens cultes, ont , dans tous les tems, été les véritables auteurs de tous les troubles ; la Souveraineté que chacun d'eux exerçait tiranniquement sur l'Opinion Publique , l'intérêt qui dirigeait leur conduite , l'orgueil dont ils étaient respectivement pénétrés , n'ont jamais permis de concilier les Opinions, ce qui serait infailliblement arrivé sans l'influence de ces Ministres.

En effet, rien de plus simple aux yeux, je ne dirai pas de tout Philosophe, mais de tout être raisonnable, que ce dilemme ; vous admettez *tous* le même Etre-Suprême, ou vous ne l'admettez pas : *si* vous l'admettez, les attributs que vous lui reconnaissez sont les *mêmes*, ou sont *différens* ; s'ils sont les mêmes, voilà déjà la moitié des difficultés aplanies. Maintenant, vos cérémonies religieuses se ressemblent entr'elles, ou diffèrent ; si elles diffèrent, ce ne peut être que dans la forme, car au fond, elles doivent nécessairement être les mêmes, puisque leur objet n'est jamais qu'un tribut d'hommage et de reconnaissance envers l'Auteur de toute chose : quant au Dogme, vous différez ; quant à la Morale, vous devez être d'accord. Mais le Dogme, à quoi se réduit-il ? A un seul point de croïance, à l'existence d'un Etre Souverain à qui vous devez tout ; ce point une fois accordé, que deviennent les discussions sur les autres points qui vous divisent ? Rien : car jamais il ne vous sera possible de vous accorder sur des choses que vous ne savez ni ne pouvez savoir. Écartés de la Religion le *merveilleux* et les *prestiges*, et toute dispute cessera. Quant à la Morale, elle doit être par-tout la même, parce qu'elle est puisée dans la même source, et qu'elle

dérive du même principe : ainsi , sur cet objet ,
il ne peut y avoir *diversité d'Opinion* , puisqu'il y a
parité de Principe.

En raisonnant de cette manière avec tous les
croïans des différentes Sectes, bientôt sans doute
on les réunirait ; mais en raisonnant avec les
Ministres qui les conduisent , il n'en serait pas de
même ; ce serait cependant le plus grand coup de
politique de parvenir , sinon à la *réunion* des opinions religieuses, du moins à leur *neutralisation.*

Les Ministres des différens Cultes ont toujours
tâché d'envelopper leur Religion de nuages ; ils
ont constamment supposé entre l'Homme et l'Etre-
Suprême une communication qui n'a jamais pu
ni dû exister ; ils ont supposé que cet Être dictait
en personne ses Lois à des hommes privilégiés ,
et qu'il les changeait ou réformait à son gré ;
ils ont ainsi supposé que l'Etre-Suprême commu-
niquait à l'homme ses volontés, afin d'établir un
sistème de *Révélation* favorable aux Dogmes qu'ils
voulaient établir , et de pouvoir en imposer plus
sûrement.

Mais, avec le secours du bon sens , on pouvait
d'un mot détruire ce sistème fabuleux ; d'après

la définition des qualités constitutives de l'Etre-
Suprême, il est souverainement *Juste*; à ce titre
seul, il ne peut faire acception de personne ; dès-
lors, comment aurait-il pu choisir, de préférence,
tel ou tel homme pour lui communiquer ses volontés, au lieu de les faire connaître lui-même à
tous les hommes qui, sortis de ses mains, doivent
être nécessairement égaux à ses yeux ? Il est absolument *Immuable*; dès lors, ses volontés doivent
être éternelles comme lui-même, puisque par sa
nature, il est réduit à l'impossibilité de changer.
Il est *Immatériel* par essence ; comment pourrait-
il se communiquer visiblement et matériellement
à l'homme? C'est donc supposer une contradiction
choquante.

Les volontés, les intentions de l'Etre-Suprême,
sont caractérisées par ses Ouvrages ; ses Lois sont
imprimées sur la Nature entière, et profondément
gravées dans nos cœurs. Supposer en lui l'idée du
moindre changement, ce serait l'accuser d'impré-
voïance, ou de mobilité; ce serait donc contrarier
encore ses qualités essentielles. Dans la vérité,
l'Etre Suprême est par-tout, son œil fixe à la fois
toute la nature, et nous ne communiquons avec
lui que par le rapport des facultés intellectuelles

dont il nous a doués, et qui ne peuvent être qu'une émanation de sa suprême Intelligence. Tout autre sistème est illusoire, abusif, et contraire aux lois éternelles de la Nature.

Les Religions sont donc absolument l'ouvrage de leurs Ministres ; mais il en existait une avant eux , et c'est précisément celle qu'ils méconnaissent ; ce qui a fait dire si justement à un Auteur :

« L'intérêt est leur Dieu , c'est lui qui les inspire :
» Si vous rendez gratuit leur culte criminel ,
» Ces monstres à l'instant , dans leur fougueux délire ;
» Renverseront le Temple et briseront l'Autel. (1)

De ce qui précéde , il résulte que les Ministres de tous les Cultes ont , dans tous les tems , fait une Religion pour eux seuls , et qu'il l'ont successivement appropriée à leurs intérêts et à leurs passions ; de-là , sont nés et les disputes religieuses, et les fléaux qui en sont devenus les suites funestes.

---

(1) *Deme autem lucrum , superos et sacra negabunt ;*
Ergo sibi, non cælicolis , hæc turba ministrat ;
Utilitas facit esse Deos , quà nempe remota,
Templa ruent, ne erunt aræ, nec Jupiter ullus.
                              Palingeni, Zod. vitæ.

En admettant pour principe que les Opinions
sont libres, et en concluant que, sous ce rapport,
il est loisible à chacun d'embrasser telle Opinion
religieuse qui lui plait, je crois que c'est canoniser
une erreur ; car les Lois étant faites pour le bien
de la Société, il est constant, qu'au moral comme
au civil, elles doivent être générales et uniformes.
Reconnaître dans un même Etat plusieurs Cultes
et les admettre, c'est n'en reconnaître et n'en
admettre aucun, c'est les mettre en perpétuelle
opposition les uns avec les autres, et c'est choquer
directement le véritable but du Code religieux
et moral, parce que toute Loi ne peut dériver
que d'un seul et même principe.

J'estimerais donc que, dans tout État, il ne
peut et ne doit exister qu'un seul Culte public,
et que tout autre doit rester ignoré sous le voile
de la *tolérance*, mais sans exercice public auto-
risé ; par ce moyen, on neutraliserait les Opinions
hétérodoxes, et l'on préviendrait les suites funestes
de toutes les disputes religieuses et de toutes les
dissentions théologiques.

Si, néanmoins, on se déterminait en faveur
de la tolérance générale et de l'exercice public
des différens Cultes, j'estime alors que, par une

conséquence nécessaire, il faudrait que les frais fussent à la charge de la Nation, comme ceux de la Religion dominante.

CHAPITRE V.

Des Cérémonies religieuses, et de l'observation du Culte.

LE Culte religieux n'étant, comme on l'a dit plus haut, qu'un hommage de reconnaissance envers le dispensateur de tous les bienfaits, et un cours continuel de Morale, il en résulte qu'il ne doit consister que dans des *himnes* et des *chants* qui expriment l'élan de la reconnaissance et le sentiment des cœurs qui en sont pénétrés: ce doit être l'expression de la gratitude réduite en action. A la mélodie, à l'onction des chants, doit se mêler par intervalle la fumée de l'encens et des parfums. Ainsi, j'estimerais que le cérémonial devrait commencer par l'hommage des cœurs à l'Éternel, être suivi d'un discours sur un point de Morale, et terminé par le tribut de la reconnaissance. On peut donner à ce genre de Culte, l'appareil et la dignité qui lui conviennent, sans le corrompre par des emblèmes trompeurs et des illusions puériles ou superstitieuses.

Mais

Mais il est encore d'autres cérémonies religieuses qu'inspirent également la reconnaissance
envers l'Etre Suprême, et les devoirs de l'humanité. La naissance des hommes, quelque doive
être leur sort, est un premier bienfait de la Divinité ; leur mort en est un second, puisque leur
dissolution n'est que le passage d'une existence à
une autre.

Beaucoup de peuples ont été dans l'usage de
faire hommage de leurs enfans à l'Etre Suprême
au moment de leur naissance, et, dans beaucoup
de Cultes, cet usage vraiment religieux s'est con-
servé. Dans tous les tems et chez tous les Peuples,
les cérémonies funèbres ont été considérées
comme un devoir religieux que l'humanité ré-
clamait par respect pour elle-même ; je crois donc
que les mêmes usages doivent être conservés.

Je pense, conséquemment, que chaque enfant
nouveau-né doit être présenté au Temple, qu'il
doit être rendu grâce de sa naissance à l'Éternel,
et formé des vœux pour sa prospérité, le tout
dans une forme et avec des prières appropriées;
qu'ensuite, après avoir donné à l'enfant les Pré-
noms distinctifs qu'il devra porter, sa naissance
et l'Acte de sa présentation au Temple, doivent

D

être inscrits sur un Registre de naissance, dont le double doit être déposé tous les trois mois au Tribunal suprême de chaque Gouvernement, pour constater l'Etat civil de scitoïens, et y avoir recours au besoin.

A l'égard des cérémonies funèbres, elles doivent porter le caractère de la décence et de la sensibilité ; les défunts doivent passer immédiatement du lieu de leur décès à celui de leur sépulture, sans s'arrêter intermédiairement dans les Temples, afin de ne point y porter l'air de corruption souvent mortifère, qui est la suite ordinaire de notre dissolution.

Mais, après le convoi fait, le cortège de deuil doit se présenter au Temple où l'on doit rendre grace à l'Être Suprême, des bienfaits dont le défunt a joui dans le cours de sa vie, ainsi que de la cessation des maux qui affligent l'humanité : l'on doit aussi former des vœux pour l'existence plus heureuse du défunt, suite naturelle de *l'immortalité de l'Ame*, à laquelle on ne doit cesser de rappeler les hommes, comme au Dogme le plus consolateur pour l'espèce humaine.

On doit de même tenir Acte du décès et de la

sépulture, sur un Registre mortuaire, dont le double doit être déposé tous les trois mois au greffe du Tribunal suprême du ressort.

Le Mariage est encore une cérémonie religieuse, respectable par son objet; les Epoux doivent se présenter au Temple, y faire à l'Être Suprême le serment d'attachement qui doit resserrer leur union, et cette formalité doit être suivie de chants d'allégresse et de vœux pour la prospérité des époux. Cet Acte religieux, indépendant de tout acte civil, doit être inscrit sur un Registre de mariage, dont le double doit également être déposé tous les trois mois au greffe du Tribunal.

Dans les trois cas qui précèdent, les extraits doivent de suite être délivrés aux parties intéressées.

Quant au Culte, rien de plus essentiel que de le faire scrupuleusement observer, et de veiller, les jours qui lui sont consacrés, à la cessation absolue de tous travaux et de tout commerce, excepté ce qui concerne le comestible ; il est encore des cas particuliers qui s'opposent à la cessation de travaux, tels que le péril imminent d'une maison qui menace ruine, les fauchaisons, les moissons et les vendanges ; qui souvent ne peuvent éprouver de retard ; mais, hors ces cas extraordinaires, la surveillance de la police doit être de la plus grande exactitude à faire observer les jours consacrés au Culte, et de la plus grande sévérité pour prononcer les amendes et les faire acquitter. Ce n'est en effet qu'en inspirant le plus grand respect pour la Religion, que l'on peut en maintenir la dignité, comme c'est en faveur de ce respect que l'on pourra parvenir à former une morale qui deviendra le plus sûr appui de l'Autorité Souveraine.

CHAPITRE VI.

De l'Etablissement d'écoles sacerdotales

Après avoir déterminé les bases de la Religion, fixé le mode du Culte, institué les Ministres nécessaires, il faut encore s'occuper de la formation des sujets qui doivent être emploïés à remplir ces fonctions augustes, et à développer les principes de la morale ; en conséquence, il convient d'établir dans chaque gouvernement provincial, sous la direction du Patriarche, une *Ecole sacerdotale*, dans laquelle seront admis les sujets regnicoles ou naturalisés, qui desireront se consacrer aux fonctions pastorales; mais ils n'y doivent être admis

qu'après avoir achevé le cours de leurs humanités,
et qu'après un examen qui constate leur capacité.

On doit sentir de quelle importance il est de ne
recevoir que des sujets instruits, parce que, destinés,
la plûpart, à remplir dans les campagnes les fonctions auxquelles ils se destinent, ils doivent être
dans le cas d'éclairer et d'instruire, sur beaucoup
de points, cette classe de peuple si nombreuse et
si dénuée de lumières. C'est pourquoi il serait à
desirer que, depuis leur admission aux écoles, jusqu'à leur élévation au sacerdoce, c'est-à-dire, jusqu'à 25 ans, les candidats fussent instruits non-
seulement dans les principes de leurs fonctions et
de leurs devoirs, mais encore dans la connoissance
des choses les plus usuelles et les plus indispensa-
bles, telles que les principes du chant, nécessaires
pour les cérémonies du culte, la *médecine*, la *phi-
siologie*, la *botanique*, la *pharmacie* et l'*astronomie*;
qu'en conséquence il y eût dans chaque école un
cours élémentaire de ces différentes sciences, afin
de procurer, par ce moïen, aux gens de la cam-
pagne, les secours et les lumières qui leur manquent
absolument à cet égard. Les frais de ces établissemens seraient à la charge de la Nation.

CHAPITRE VII.

Des Elections aux places de Ministres du Culte.

LE choix des sujets destinés au sacerdoce et aux fonctions qui doivent en être la suite, ne peut être fait avec trop de circonspection, d'après tout ce qu'on vient d'exposer précédemment. Je pense donc qu'il convient, à cet égard, d'adopter une mesure capable d'assurer le meilleur choix, et qui devienne, par la suite, le germe d'une émulation continuelle.

Pour cet effet, je pense que les *Vicariats* doivent être conférés par les Patriarches respectifs, d'après l'avis de leur Conseil, parmi les élèves de l'Ecole sacerdotale, qui auront été admis au sacerdoce, et qui seront enregistrés au patriarchat.

Les Ministres doivent être choisis parmi les *Vicaires*, et nommés par les Ministres assemblés à l'hôtel patriarchal, ensuite confirmés par le Patriarche; c'est, je crois, le plus sûr moïen de n'avoir que les meilleurs sujets pour remplir les places; mais, comme il en est de beaucoup plus avantageuses les unes que les autres, on doit laisser aux Ministres, lorsque quelque place vient à vacquer, la liberté de faire une promotion de leurs Collégues, avant de procéder à la nomination d'un sujet, pour remplir celle qui se trouverait vacante, après la promotion.

Les *Vicaires-généraux* et *Grands-vicaires* doivent être choisis par les Patriarches et parmi les Ministres de leur arrondissement. Les *Patriarches* doivent être élus à la majorité par les Vicaires-généraux et les Grands-vicaires du patriarchat vacant, et pris dans leur sein ; mais leur choix doit être soumis à la nomination du Souverain, entre les mains duquel le nouveau Patriarche doit prêter le serment d'obéissance et de fidélité ; enfin le *Grand-Patriarche* doit être choisi par les Patriarches assemblés, à la majorité des voix, et pris dans leur sein ; mais il doit être aussi nommé par le Souverain, sur le procès-verbal d'élection, et prêter serment entre ses mains.

L'on voit que, d'après les gradations et les formes qui précèdent, je laisse à l'émulation toute l'étendue possible, de manière qu'avec des talens et de la conduite, le dernier Vicaire peut arriver, par gradation, à la dignité de *Grand-Patriarche*, et que les différentes élections ne peuvent présenter, par leurs formes, que des sujets dignes de remplir les places auxquelles ils seront nommés ; parce que chacun des électeurs ayant un égal intérêt, il ne peut y avoir lieu à aucune espèce de séduction ou d'intrigue.

CHAPITRE VIII.

De la Retraite des Ministres du Culte.

L'ÉTAT sacerdotal doit être , d'après tout ce que je viens d'exposer, aussi pénible que peu lucratif, et conséquemment présente peu de ressources pour les besoins et les infirmités de la vieillesse. Il est donc de l'humanité comme de la justice, d'y pourvoir par des Retraites proportionnelles aux places de ceux qui se retireront.

En conséquence, il convient d'accorder à tous les Individus attachés au sacerdoce, la faculté de se retirer, si bon leur semble, à l'âge de 60 ans, et même plutôt, si des infirmités s'opposent à l'exercice de leurs fonctions. Quant aux fonds nécessaires à l'établissement et au paiement des Retraites, ils doivent se former à l'aide d'une retenue annuelle, de quatre pour cent, sur la totalité du traitement attribué à la Caste religieuse. Ces Retraites doivent être accordées par les Patriarches respectifs,

tant à eux-mêmes , en donnant leur démission ,
qu'aux autres individus qui pourront avoir droit
d'y prétendre ; et, comme il sera tenu constamment un Registre contenant les retraites accordées et celles qui s'éteindront , lorsque les fonds
destinés à cet objet seront absorbés , les retraites
qui seront accordées , ne seront considérées que
comme expectatives, jusqu'à ce qu'il y ait des fonds
libres par les extinctions. Dans le cas , au contraire,
où les fonds annuels excéderaient le montant des
Retraites , ces fonds seraient alors emploïés à
procurer des secours extraordinaires aux membres du corps sacerdotal, qui pourraient éprouver
des besoins , et d'après la demande motivée que
ceux-ci en feraient à leurs Patriarches respectifs, qui seuls auraient droit de les accorder.

Les moïens de secours que je viens de proposer, outre les motifs de justice, présentent encore
celui de ne point occasionner l'avilissement de la
religion par le dénuement dans lequel pourraient
se trouver les Ministres du Culte , soit à la suite de
l'âge et des maladies , soit à la suite d'accidens et
d'événemens imprévus: ainsi, sous tous les rapports,
cet objet ne peut ni ne doit éprouver le moindre
obstacle.

CHAPITRE IX.

Des Assemblées consistoriales.

LA nécessité de maintenir le dogme et la pureté du culte religieux, et celle de prévenir ou de corriger, dès leur naissance, les abus qui pourraient s'introduire, doivent conduire aux moïens propres à opérer cet effet; en conséquence, je crois que, pour y parvenir, le moïen le plus simple serait de tenir, tous les deux ans, une *Assemblée consistoriale* de tous les Patriarches, convoquée par le Grand-Patriarche, et présidée par lui.

Dans ces Assemblées, serait discuté tout ce qui peut intéresser la Religion et le Culte, et, sur chaque objet de discussion, seraient prises les délibérations convenables, qui seraient ensuite adressées au Conseil d'Etat, pour être, par lui, proposé au *Conseil National* (1) les lois conformes au vœu de l'Assemblée consistoriale.

---

(1) Dans le Plan de Constitution Politique, l'Auteur établit à la tête du Gouvernement un *Conseil d'État* qui rédige et propose les Lois, un *Conseil National* composé d'un ou deux Députés de chaque *Gouvernement Provincial*, qui discute les Lois et les adresse avec ses observations aux *Administrations Provinciales* de chaque

Par ce-moïen et avec ces précautions, on main-
tiendrait constamment les principes religieux dans
leur pureté primitive, et l'on écarterait toutes les
innovations que l'erreur ou l'intérêt voudraient tâcher d'introduire. Il résulterait encore de ces Assemblées, des Règlemens sur la Discipline religieuse,
dont l'objet serait de prévenir ou d'arrêter à tems
les abus qui se sont successivement glissés dans toutes les Religions, et qui souvent n'ont servi qu'à
troubler la tranquillité publique.

CHAPITRE X.

Des Associations religieuses, et de leur régime.

PRESQUE toutes les Religions, soit anciennes, soit
modernes, ont vu naître et se propager des *Sociétés
religieuses*, dont les unes avaient pour objet le re-
cueillement intérieur, l'amour de la vertu, l'éloi-
gnement des choses mondaines; les autres, avec
des vues moins pures, n'avaient pour but que d'en

Gouvernement, pour y être acceptées ou rejettées, et, dans
les cas d'acceptation, pour être ensuite sanctionnées et
mises à exécution par le Chef suprême de l'Administration
publique.

Il faut observer aussi que, dans le même Plan, le territoire
est partagé en *Gouvernemens provinciaux* qui chacun ont
leur *Administration Provinciale*.

imposer par des vertus factices, et d'exister sans peine, au sein de l'abondance et de l'oisiveté, sous le masque des privations et de la pénitence la plus austère ; de sorte que ces associations ont toujours réuni des dupes et des fripons, qui, les uns comme les autres, en ont constamment imposé à la crédulité populaire. Cette manière simple d'acquérir, établie sur la séduction et l'hipocrisie, a multiplié, dans l'Europe sur-tout, le nombre des Maisons religieuses à un tel point, que, si par succession de tems, et par suite des événemens politiques, le brigandage n'en eût été arrêté, le globe entier serait devenu le partage et l'esclave de ces établissemens dangereux.

Dans l'état actuel des choses, autant on a détruit ou réprimé ces abus, autant on doit tâcher d'en prévenir le retour. Les Associations religieuses sont utiles sans doute, mais il faut en déterminer l'objet, et sur-tout, en circonscrire les conséquences.

Il faut des maisons d'éducation pour les filles, et des retraites pour les personnes des deux sexes, à qui l'âge, l'isolement et le peu de fortune ne permettent pas de vivre dans la société générale. Il est donc essentiel de former des établissemens qui

puissent remplir ce double but, et devenir un objet de soulagement et d'utilité pour l'humanité
malheureuse ou délaissée.

D'après cela, j'estime que l'on doit établir, dans
chaque Gouvernement, au moins une Maison de
Retraite de chaque sexe, sous la surveillance du
Patriarche, et sous la direction des Ministres du
culte retirés, quant à celles d'hommes; et quant
à celles de femmes, sous la direction de veuves
de Ministres, dont la conduite et les mœurs soient
à l'abri de reproches; mais, à défaut de sujets capables dans ces deux espèces, on choisirait des
personnes qui réuniraient les qualités nécessaires
pour remplir convenablement ces sortes de places.

Les Maisons de retraite ou Congrégations ne
doivent être assujéties à aucun vœu, mais simplement soumises à des règles et à un régime arrêtés
par le Grand Patriarche en Assemblée consistoriale;
pour y être admis comme membre, il faudrait
25 ans révolus, être célibataire ou veuf, et pos-
séder au moins 300 liv. de revenu; parce qu'il est
de la politique de ne permettre à ces établissemens
l'acquisition d'aucun fonds. Il conviendrait aussi
que, dans ces sortes de maisons, l'habillement fût
uniforme pour économiser la dépense d'une part,
et de l'autre, ménager l'amour - propre des

personnes moins fortunées, qui s'y trouveraient réunies.

D'après ce qu'on vient de dire, et la privation de toutes propriétés, la Nation doit fournir les bâtimens, jardins et terrains nécessaires à ces établissemens, ainsi que les fonds pour l'entretien et les réparations. Quant au mobilier, il doit appartenir aux individus qui composent ces maisons, raison pour laquelle quiconque voudrait se retirer, aurait le droit d'emporter ses effets personnels, et d'exiger sa portion dans les économies pécuniaires qui se trouveraient en caisse, à l'époque de sa sortie.

Mais il conviendrait que, si chaque individu a le droit de quitter la maison, chaque membre pût aussi, pour causes graves, ou pour cause d'inobservation des règles établies, en être renvoyé.

Ces maisons devraient être composées d'un nombre de Membres déterminé, sous la qualification de *frères* et de *sœurs*; le surplus sous le titre de *Pensionnaires*. A l'égard de ces derniers, ils traiteraient de gré à gré avec les chefs; ils auraient leurs logemens et leurs tables séparés, et pourraient faire les conditions qui leur conviendraient, sans être astreints au régime et à l'habillement de la maison, mais simplement aux règles générales qu'exigent le bon ordre et la bienséance. En cas de décès, tous leurs effets seraient remis à leurs héritiers.

A l'égard des maisons de femmes, elles seraient destinées à l'éducation des jeunes personnes, et conformément à l'état qu'elles seraient destinées à tenir dans le monde ; en conséquence, il y aurait un Pensionnat d'Elèves, qui aurait son logement et sa table. Les pensions seraient réglées entre l'administration et les parens.

Il résulterait de tout ce qui précède, que les personnes peu fortunées, et sur-tout les demoiselles, trouveraient un asile honnête, et souvent même des établissemens qu'elles n'auraient pas trouvés dans le monde ; que les personnes du sexe y trouveraient la ressource d'une éducation soignée ; que les personnes âgées, isolées ou infirmes y trouveraient une retraite tranquille, dans laquelle elles pourraient terminer le cours de leur vie, loin des embarras et des inquiétudes qui poursuivent toujours la vieillesse, et, sur-tout, loin de l'obsession qui afflige toujours la caducité.

Mais, comme au commencement de pareils établissemens, il n'y aurait encore ni veuves de Ministres, ni Ministres retirés, à qui l'on pût en confier la direction, il faudrait choisir d'autres sujets capables, qui seraient alors nommés par les Patriarches, chacun dans leur ressort.

Je crois maintenant avoir suffisamment développé tout ce qui peut opérer la meilleure Constitution religieuse ou morale, en fixant ce qui concerne la Religion, le Culte, son observation, ses Ministres, leurs devoirs, leurs fonctions, leur autorité, leur traitement, le mode de leurs élections et leurs retraites; j'ai de même assuré la pureté du Dogme, et la discipline sacerdotale par la tenue des Assemblées consistoriales; j'ai ouvert des écoles d'instruction et des asiles de paix; enfin j'ai soumis la Hiérarchie religieuse à l'autorité temporelle, pour ôter tout moïen d'usurpation à la première sur la seconde, et la renfermer dans des limites qu'elle ne puisse dépasser.

J'ai simplifié la Religion, en la fixant à son obejt; le Culte, en le ramenant à son but. J'ai tâché d'écarter tous les prestiges, les illusions et les erreurs; j'ai desiré que l'homme ne vît, dans sa croïance et dans son culte, que la vérité la plus pure, que la grandeur et la majesté de celui qu'il adore, et que la dignité dont son hommage doit être environné. Tel a été l'objet et l'esprit du Sistême religieux que je viens de proposer.

Fin du Discours.

www.ingramcontent.com/pod-product-compliance
Lightning Source LLC
Chambersburg PA
CBHW070946280326
41934CB00009B/2024